FACULTÉ DE DROIT DE TOULOUSE.

THÈSE PUBLIQUE

POUR

L'ACTE DE LICENCE,

SOUTENUE

PAR M. DUCOURNEAU (ALEXANDRE),

NÉ A AGEN (LOT-ET-GARONNE).

*Lex bona censeri possit, quæ sit intimatione certa ;
præcepto justa ; executione commoda ; cum formâ
politiæ congrua ; et generans virtutem in civibus.*
BACON, Aphor., 8.

BORDEAUX,

IMPRIMERIE DE P. COUDERT, RUE PORTE-DIJEAUX, N.º 85.

M. DCCC XXXVIII.

JUS ROMANUM.

Inst., lib. II, tit. XII. — Quibus non est permissum facere testamentum.

Non tamen omnibus licet facere testamentum. Statim enim ii qui alieno juri subjecti sunt, testamenti faciendi jus non habent, adeo quidem ut quamvis parentes eis permiserint, nihilo magis jure testari possint : exceptis iis quos anteà enumerant institutiones, et præcipue militibus qui in potestate parentium sunt, quibus de eo quod in castris adquisierunt, permissum est ex constitutionibus principum testamentum facere. Quod quidem jus initio tantum militantibus datum est, tam ex auctoritate divi Augusti, quam Nervæ, necnon optimi imperatoris Trajani ; postea vero subscriptione divi Hadriani etiam dimissis militia, id est veteranis concessum est.

Itaque si quod fecerint de castrensi peculio testamentum, pertinebit hoc ad eum quem heredem reliquerint. Si vero intestati decesserint nullis liberis vel fratribus superstitibus, ad parentes eorum jure communi pertinebit. Ex hoc intelligere possumus, quod in castris adquisierit miles qui in potestate patris est, neque ipsum patrem adimere posse, neque patris creditores id vendere vel aliter inquietare, neque patre mortuo cum fratribus commune esse ; sed scilicet proprium ejus esse qui id in castris adquisierit, quamquam jure civili omnium qui in potestate parentium sunt, peculia perinde in bonis parentium computantur, ac si servorum peculia in bonis dominorum numerantur. — Exceptis videlicet iis quæ ex sacris constitutionibus, et præcipue Institutionibus Justiniani, propter diversas causas non adquiruntur.

Præter hos igitur qui castrense vel quasi castrense habent, si quis alius filius familias testamentum fecerit, inutile est, licet suæ potestatis factus decesserit.

§ I.

Præterea testamentum facere non possunt impuberes, quia nullum eorum animi judicium est; item furiosi, quia mente carent. Nec ad rem pertinet, si impubes postea compos mentis factus fuerit et decesserit. Furiosi autem, si per id tempus fecerint testamentum quo furor eorum intermissus est, jure testati esse videntur : certe eo, quod ante furorem fecerint, testamento valente. Nam neque testamenta recte facta, neque ullum aliud negotium recte gestum, postea furor interveniens perimit.

§ II.

Item prodigus cui bonorum suorum administratio interdicta est, testamentum facere non potest; sed id quod ante fecerit, quam interdictio suorum bonorum ei fiat, ratum est.

§ III.

Item surdus et mutus non semper testamentum facere possunt. Utique autem de eo surdo loquimur qui omnino non exaudit, non qui tarde exaudit; nam et mutus is intelligitur qui loqui nihil potest, non qui tarde loquitur. Sæpe autem etiam literati et eruditi homines variis causis et audiendi et loquendi facultatem amittunt. Unde Justiniani constitutio etiam his subvenit, ut certis casibus et modis secundum normam ejus, possint testari, alia que facere quæ eis permissa sunt. Sed si quis, post testamentum factum, adversa valetudine aut quolibet alio casu mutus aut surdus esse cæperit, ratum nihilominus ejus permanet testamentum.

§ IV.

Cæcus autem non potest facere testamentum, nisi per observationem quam lex divi Justini introduxit.

§ V.

Ejus qui apud hostes est, testamentum quod ibi fecit, non valet, quamvis redierit. Sed quod, dum in civitate fuerat, fecit, sive redierit, valet jure Postliminii; sive illic decesserit, valet ex lege Cornelia.

CODE CIVIL.

Livre 1.er — *Titre cinquième.* — Du Mariage. (*Art.* 144.–179.)

Le mariage est l'union légitime de l'homme et de la femme. C'est le contrat le plus important de la vie civile, parce que, en effet, le mariage est le seul fondement de la famille, et forme ainsi la base de l'organisation sociale.

C'est la loi du 20 Septembre 1792 qui, la première, a remis aux officiers de l'*état civil* le soin de présider à la célébration du mariage. L'acte est consommé au moment où l'officier public, après avoir reçu le consentement des deux époux, prononce cette déclaration : « Au nom » de la loi, je vous unis. »

Mais ce contrat, le plus important de la vie civile, est soumis à des formalités nombreuses, destinées à assurer le sort irrévocable de la famille. La première et la plus essentielle de toutes les conditions, est le *consentement* des parties contractantes. Quelles que soient les stipulations qui auront précédé, si, au moment de la célébration publique du mariage, l'une des parties refusait de donner son consentement, il ne pourrait pas être passé outre, et il ne resterait à l'officier public qu'à renvoyer les parties qui s'étaient présentées devant lui pour former une union que l'une d'elles n'a pas voulu réaliser. *Il n'y a pas de mariage lorsqu'il n'y a point de consentement.*

Les actes qui doivent précéder la célébration du mariage sont destinés à en assurer la solennité, et à justifier que rien ne s'oppose, soit dans un intérêt public, soit dans un intérêt privé, à ce que l'union projetée puisse être réalisée. Ainsi, quoique le mariage soit un contrat essentiellement volontaire, la simple déclaration de volonté de la part des deux époux ne pourrait pas être considérée comme chose suffisante : c'est bien la condition la plus essentielle, mais ce n'est pas la seule nécessaire ; il faut que l'on puisse s'assurer, en outre, qu'aucun empêchement d'intérêt public ou d'intérêt privé ne forme obstacle à la célébration du mariage projeté.

2

Il ne suffit donc pas que les époux aient donné leur consentement au mariage, il faut encore qu'ils soient capables de donner ce consentement ; ils ne le peuvent pas, s'ils n'ont pas atteint l'âge déterminé par la loi, ou s'ils sont frappés d'une incapacité légale résultant, soit des liens de parenté, soit de quelque autre cause.

En règle générale, toutes les formalités prescrites par la loi, toutes les prohibitions qu'elle établit, doivent être rigoureusement respectées, et il ne doit pas être procédé à la célébration du mariage, du moment qu'une seule des conditions requises a été méconnue ; mais, après que le mariage a été célébré, il est important de rechercher alors quelle était la valeur réelle de la formalité qui a été méconnue ; il faut une décision bien formelle, bien expresse, pour rompre le contrat. Si le texte qui prononce la nullité ne se trouve pas dans la loi, le mariage sera maintenu. C'est donc par l'appréciation des textes seuls que peuvent se décider toutes les questions relatives à l'importance d'une formalité qui aura été omise, ou d'une condition qui n'aura pas été suivie, ou d'une prohibition qui aura été méprisée.

La condition de l'âge, relativement aux époux, est déterminée par la loi ; et, à cet égard, on peut remarquer que l'on a adopté en France des règles spéciales pour la majorité, en ce qui concerne le mariage. Mais, avant de s'occuper des enfans majeurs qui ont capacité par eux-mêmes pour manifester seuls leur volonté de se marier, il est nécessaire de parler des enfans *pubères*, c'est-à-dire qui sont arrivés à l'âge marqué par la nature pour se livrer à la reproduction de l'espèce.

La loi, qui procède par règle fixe, a déterminé cet âge, se fondant sur les observations les plus générales, eu égard au climat que nous habitons, et elle a décidé que l'homme, avant dix-huit ans révolus, et la femme, avant quinze ans révolus, ne pouvaient contracter mariage. Cependant, comme ce n'est pas là une règle immuable, on s'est empressé d'ajouter aussitôt qu'il serait loisible d'accorder des *dispenses* d'âge pour des motifs graves ; et, en général, il y a plusieurs circonstances dans lesquelles l'autorité souveraine est autorisée ainsi à intervenir par voie de dispenses, toutes les fois qu'il se présente des cas particuliers qui réclament la faveur d'une exception, mais seulement pour des causes graves.

L'homme qui a atteint dix-huit ans, la femme qui a atteint quinze ans, sont réputés légalement *pubères*, mais ils ne sont pas pour cela majeurs, relativement au mariage : ils ne peuvent donc pas donner un consentement; ils sont toujours dans les liens de la minorité ; il ne leur est permis de contracter mariage qu'avec le consentement de ceux sous la puissance desquels ils sont placés, de leur père, de leur mère ; à défaut de père et de mère, il leur faut le consentement de leurs aïeux, et, à défaut d'aïeux, le consentement de leur conseil de famille.

La majorité, en ce qui concerne le mariage, commence pour la femme à vingt-un ans, moment où elle est déclarée majeure pour tous les actes de la vie civile ; mais pour l'homme, qui est également majeur à vingt-un ans pour tous les autres actes, il ne devient majeur, quant au mariage, qu'à vingt-cinq ans seulement. Ainsi l'homme à vingt-cinq ans et la femme à vingt-un ans, peuvent librement contracter mariage, même contrairement à la volonté de ceux qui exercent sur eux la puissance paternelle, dont l'effet n'est pas détruit par la déclaration de majorité.

Cependant, ils ne peuvent pas, à cet égard, user de leur droit sans prendre au moins conseil de ceux qui exercent cette puissance paternelle, et tant que le père et la mère vivent, et, à leur défaut, tant qu'un aïeul survit, chacun des futurs époux est tenu de rapporter à l'officier de l'état civil, avant la célébration du mariage, leur consentement, ou, s'il y a refus, la preuve que leur conseil a été requis.

Le consentement du père et de la mère se donne dans l'acte même de célébration du mariage s'ils assistent au contrat ; et s'ils n'y assistent pas, il doit être consigné dans un acte authentique, qui est remis à l'officier de l'état civil. S'il y a dissentiment entre le père et la mère, le consentement du père suffit. Si le père est mort ou dans l'impossibilité de manifester sa volonté (*absent* ou *interdit*), le consentement de la mère suffit ; si le père et la mère sont morts ou dans l'impossibilité de manifester leur volonté, le consentement d'un aïeul suffit ; mais si aucun de ces consentemens ne peut être rapporté, si par exemple le père, sans le consentement duquel il ne doit pas être procédé au mariage, refuse de donner son approbation, alors il est nécessaire de recourir aux *actes respectueux*.

On nomme ainsi l'acte par lequel le fils ou la fille *de famille*, c'est-à-dire qui a pere, mère ou aïeul, requiert respectueusement leur conseil, en leur déclarant par un acte spécial qu'ils sont dans l'intention de contracter mariage avec la personne qu'ils dénomment.

Cet acte doit être présenté par deux notaires ou par un notaire assisté de deux témoins. La loi a exigé l'intervention de ces officiers publics en cette circonstance, parce qu'elle a pensé qu'ils sauraient faire usage de l'autorité attachée à leur caractère pour s'efforcer d'opérer entre les parties un rapprochement toujours si désirable, et c'est pour cela surtout qu'on a voulu qu'il fût fait mention dans le procès-verbal de la réponse faite par celui à qui la réquisition est adressée.

Si cette réponse était favorable, l'*acte respectueux* changerait aussitôt de caractère, et constituerait un acte de consentement avec lequel il pourrait être procédé immédiatement à la célébration du mariage ; mais si le notaire n'a pu constater qu'un refus, le même acte devra être renouvelé deux fois encore, de mois en mois, si le fils qui requiert n'a pas atteint trente ans, et si la fille n'a pas atteint vingt-cinq ans ; après cet âge, de trente ans pour l'homme, de vingt-cinq ans pour la femme, la signification d'un seul acte suffit, et un mois après il est permis de procéder à la célébration du mariage sans consentement.

D'autres formalités sont destinées à donner au mariage projeté une publicité nécessaire, afin que tout le monde soit averti qu'une nouvelle famille va être constituée dans l'Etat, et que les tiers intéressés soient par là mis en demeure de former *opposition* au mariage s'ils se croient en droit de le faire pour les causes expressément autorisées par la loi.

On nomme *bans de mariage* ou *publications de mariage*, les actes qui doivent donner au projet de mariage cette publicité : ils doivent être affichés publiquement à la porte de la maison commune du lieu qu'habite chacun des futurs époux depuis plus de six mois au moins, et du lieu qu'habitent ceux dont le consentement est requis pour la validité du mariage. Ces actes resteront affichés pendant huitaine, d'un dimanche au dimanche suivant, de manière que la publication soit faite pendant deux dimanches consécutifs. Ils renfermeront toutes les indications nécessaires pour apprendre que promesse de mariage a été arrêtée entre les deux personnes qui y sont dénommées. Ils contiennent les prénoms, noms, professions et domiciles des futurs époux, leur qualité de majeurs ou de mineurs, relativement aux actes ordinaires de la vie civile, et les prénoms, noms, professions et domiciles de leurs pères et mères ; ils énoncent en outre les jours, lieux et heures où les publications auront été faites ; ils sont inscrits sur un registre particulier. C'est le premier acte d'intervention de l'autorité publique dans le mariage; c'est l'officier de l'état civil auquel se sont présentés les futurs époux, qui déclare qu'un projet de mariage lui a été annoncé, et qui, par là, appelle les oppositions qui pourraient être formées avant la célébration du mariage, à laquelle il ne peut procéder que le troisième jour après la seconde publication. Si les futurs époux ne réalisaient pas leur mariage dans l'année à partir de ce dernier délai, il serait nécessaire de recommencer les publications, parce que de nouveaux intérêts auraient pu naître pendant cet intervalle, et les tiers ne seraient plus avertis.

A l'égard des *formalités* qui sont relatives à la *célébration du mariage*, l'officier de l'état civil remplace le propre curé d'autrefois; mais il suffit que le mariage soit célébré publiquement devant l'officier de l'état civil du domicile de l'une des deux parties ; il n'est plus besoin, comme autrefois, du consentement de l'autre officier de l'état civil. Il suffit que celui des deux devant lequel on se présente reçoive la justification que les publications de mariage exigées par la loi ont été faites dans la commune où habite celui des deux époux qui n'est pas placé sous sa juridiction.

En général, il doit exiger la preuve que toutes les formalités ont été remplies, et vérifier si les futurs époux ont la capacité; il est juge de la conduite qu'il doit tenir et peut suspendre la célébration du mariage pour les causes qu'il peut croire légitimes, sauf aux parties à se pourvoir en justice si elles croient que l'obstacle apporté à leur union par l'officier de l'état civil n'est point fondé sur une cause légale ; mais il ne faut pas non plus que cet officier mésuse du pouvoir discrétionnaire qui lui est nécessairement abandonné en cette circonstance, parce que le retard inconsidérément apporté, sans cause légitime, à un mariage projeté, peut souvent entraîner une rupture dont les effets pourraient être déplorables.

Si l'officier de l'état civil ne doit pas légèrement mettre lui-même opposition à la célébration du mariage, il est de son devoir de respecter toutes les oppositions qui seraient formées par des tiers entre ses mains; il n'en est pas le juge, c'est aux tribunaux qu'il appartient de décider, toute autre affaire cessante, parce que l'intérêt d'un nouveau mariage est le plus puissant de tous. S'il n'y a point d'opposition formée, ou si main-levée a été obtenue des oppositions qui auraient pu être faites, l'officier de l'état civil doit être prêt à célébrer le mariage à la première réquisition, après que toutes les pièces nécessaires lui ont été fournies.

Ces pièces consistent dans la remise de l'acte de naissance de chacun des deux futurs époux, de l'acte de consentement des personnes sous la puissance desquelles chacun d'eux est placé, si elles ne sont pas présentes; des actes de décès de celles de ces personnes qui seraient mortes, et des certificats constatant que les publications ont été faites dans toutes les autres communes où cela était nécessaire.

Lorsque l'acte de naissance de l'un des futurs époux manque, il y est suppléé par un acte de notoriété, délivré par le juge de paix sur l'attestation de sept témoins, et dûment homologué par le tribunal.

Quelque simples que soient ces formes, il n'est pas toujours facile de fournir les pièces voulues, et trop souvent l'exigence que l'on a montrée, surtout à l'égard des actes de décès des pères et mères, des aïeuls et aïeules, ont été un obstacle insurmontable qui, plus d'une fois, ont dû faire renoncer, surtout dans les basses classes, où l'on conserve peu de souvenir des relations de famille, à un mariage arrêté et conclu. Pour remédier au mal, un avis du conseil-d'état du 27 Messidor an XIII, converti en décret le 4 Thermidor suivant, a autorisé les officiers de l'état-civil à procéder au mariage sur la déclaration à serment des futurs époux, confirmée par le serment de leurs témoins, qu'ils ignorent le lieu du décès et celui du dernier domicile des ascendans, à l'égard desquels il ne leur est pas possible de rapporter un acte de décès en forme. Cette décision favorable s'étend également à toutes ces variations légères qui, trop souvent, défigurent ou intervertissent les noms dans les différens actes de l'état civil : la nécessité où l'on avait mis les parties de recourir, pour l'erreur la plus évidente, à un jugement de rectification, était un obstacle nouveau qui, trop souvent, servait de prétexte pour arrêter la célébration.

Toutes ces formalités préliminaires remplies, il ne reste plus qu'à célébrer le mariage et à dresser l'acte de cette célébration. Le jour *désigné par les parties*, l'officier de l'état civil, dans la maison commune, en présence de quatre témoins, parens ou non parens, fait lecture aux parties de toutes les pièces qui lui ont été remises , constatant leur état civil, et la promesse qu'elles ont faite de s'épouser; il leur lit ensuite le titre de la loi qui concerne les *droits* et *les devoirs respectifs* des époux ; il reçoit de chaque partie la déclaration qu'elles veulent se prendre pour mari et femme ; puis , faisant les fonctions de pontife, il prononce les paroles sacramentelles : *Au nom de la loi, je vous unis par mariage;* ce dont il est dressé acte sur-le-champ.

L'acte de mariage , qui est le titre légal des deux époux, et qui seul suffit pour faire preuve complète de mariage, contient : 1.° les prénoms, noms, professions , âge, lieu de naissance et domicile des époux ; 2.° s'ils sont majeurs ou mineurs ; 3.° les prénoms , noms , professions et domiciles des pères et mères ; 4.° le consentement des pères et mères , aïeuls et aïeules , et celui de la famille dans le cas où ils sont requis ; 5.° les actes respectueux s'il en a été fait ; 6.° les publications dans les divers domiciles ; 7.° les oppositions s'il y en a eu , leur main-levée , ou la mention qu'il n'y a pas eu d'opposition; 8.° la déclaration des contractans. de se prendre pour époux , et le prononcé de leur union par l'officier public; 9.° les prénoms, noms, âge, professions et domiciles des témoins, et leur déclaration s'ils sont parens ou alliés des parties, de quel côté et à quel degré.

A partir de cet instant, les deux époux sont irrévocablement unis, et la confirmation religieuse de leur mariage, qu'ils peuvent demander au culte qu'ils professent, peut bien donner une sanction nouvelle à l'acte qu'ils ont formé, mais elle n'ajoute rien à sa validité.

CODE DE PROCÉDURE.

Livre II. — *Titre* II. — *Des Ajournemens.* — *Des Actions en général.* — *Du Tribunal où se portent les actions.*

I.

L'ajournement est une assignation que l'on donne à une personne pour l'appeler devant un tribunal et particulièrement devant un tribunal civil ou de commerce. (Code de procédure, art. 459 et 415).

Il doit être donné :

1.° A la requête d'une personne capable d'ester en jugement ;

2.° Par un huissier agissant dans son ressort ;

3.° Contre une personne également capable de défendre en justice ;

4.° Au domicile ou à la personne de l'assigné : une copie de l'assignation doit lui être laissée ;

5.° A comparaître devant le tribunal compétent pour connaître de la contestation.

Il doit énoncer :

1.° Le délai de la comparution ;

2.° Les motifs et l'objet de la demande ;

3.° Une constitution d'avoué, si l'on assigne devant le tribunal civil ;

4.° Le coût de l'assignation ;

Si l'huissier ne trouvait ni parent, ni serviteur au domicile de la personne assignée, il pourrait remettre la copie de l'assignation au voisin, qui devrait signer l'original ; sinon, au maire, qui devrait le viser.

Si le domicile est inconnu, l'assignation est délivrée à la résidence.

S'il n'y a pas de résidence connue en France, la copie est affichée à la porte de l'auditoire du tribunal où la demande est portée, et une autre copie est remise au procureur du Roi.

Enfin, si le défenseur habite hors le territoire continental de la France ou à l'étranger, la copie sera remise au procureur du Roi qui devra l'envoyer au ministre de la marine ou des affaires étrangères.

Dans tous les cas, le procureur du Roi visera l'original. (Code de procédure, art. 68, 69).

Sont assignés :

L'Etat pour les domaines, en la personne du Préfet ;

Le Trésor public, en celle de son agent judiciaire ;

Le Roi, en celle de son intendant, au parquet du procureur du Roi ;

Les communes, en celles de leurs maires ; à Paris, en celle du préfet de la Seine ;

Les établissemens publics, en leurs bureaux.

Les sociétés de commerce, en leur maison sociale, si non en la personne des associés ;

Les maisons de créanciers, en la personne de leurs syndics. (Code de procédure, art. 69).

Les délais pour comparaître sont :

Devant le tribunal civil, ordinairement de huit jours francs ; c'est-à-dire, de huit jours, non compris le jour de la délivrance de l'assignation ni celui de la comparution.

Le président du Tribunal peut abréger ce délai, dans le cas où il y a célérité. (Code de procédure, art. 72, 10,33).

Devant les tribunaux de commerce, d'un jour franc. (Code de procédure, art. 416).

Mais le président peut aussi permettre, par ordonnance, d'assigner de jour à jour et d'heure à heure.

En matière maritime, l'assignation pourra même être donnée sans ordonnance ; à bord, à la personne assignée. (Code de procédure, 417, 418, 419).

Ces délais sont augmentés d'un jour par trois myriamètres de distance entre le lieu du domicile du défendeur, et celui où siége le tribunal ; quand il y a lieu à envoi, voyage ou retour, l'augmentation est du double. (Code de procédure, art. 1033).

Lorsque le défendeur demeure hors du territoire continental de la France, le délai varie de deux mois à un an, selon la distance des lieux ; à moins que l'assignation ne lui soit remise en France. (Code de procédure, art. 73, 74).

On peut faire assigner tous les jours, excepté les Dimanches et les jours de fête légale, à moins d'autorisation de juge quand il y a péril en la demeure.

L'heure à laquelle l'assignation doit être donnée est, du premier Avril au 30 Septembre, entre quatre heures du matin et neuf heures du soir ; du premier Octobre au 31 Mars, entre six heures du matin et six heures du soir. (*Ibid*, art. 1037).

Le coût ou le prix de l'ajournement que l'huissier doit mettre à la fin de l'exploit qu'il délivre, se compose ainsi qu'il suit :

1.º Du papier timbré ;

2.º Du droit de copie de pièces quand il y en a ;

3.º Du droit d'enregistrement, 2 fr., qui est dû autant de fois qu'il y a de demandeurs ou de défendeurs ayant d'intérêts distincts. (Loi du 22 Frimaire an VII, art. 68, § 1, 30°; et celle du 28 Avril 1816);

4.º Droit d'original;

5.º Du droit de copie (1) ;

6.º Droit de voyage lorsque l'huissier se transporte d'un lieu à un autre.

Si l'exploit d'ajournement et la procédure qui s'en est suivie étaient nuls par la faute de l'huissier, celui-ci devrait supporter seul les frais faits.

Si la partie avait en outre éprouvé quelque perte, à cause du retard dans l'exercice de ses droits ou autrement, l'huissier serait également passible de dommages-intérêts envers lui sous ce rapport. (Code de procédure, art. 71 et 1031.)

II.

L'action est une demande judiciaire fondée sur un titre ou sur la loi, et qui tend à nous faire rendre ce qui nous appartient.

Ce terme est corrélatif du mot droit ; il en est le couronnement nécessaire ; car à quoi nous servirait d'avoir des droits, si nous n'avions pas le moyen de les faire valoir et d'obtenir justice? Les actions sont

----

(1) On ne porte quelquefois, sur la copie délivrée à la partie, que le coût de cette copie ; mais c'est le coût de l'exploit lui-même qui est exigé par la loi.

donc une véritable propriété, car les droits se transmettent de la même manière que toute autre propriété. (Code civil, art. 526 et 529.)

Il est en législation peu de matières qui aient donné lieu à plus de discussions et de subtilités. Nous n'avons pas l'intention de reproduire ici les controverses de l'école, qui exigent, pour être bien comprises, toute la science du jurisconsulte.

§ I.er — *Division des actions.*

On reconnaît trois sortes d'actions dans lesquelles rentrent toutes les autres : l'action *personnelle*, l'action *réelle*, et l'action *mixte*.

1.° L'action personnelle est celle par laquelle nous agissons contre celui qui est *personnellement* engagé envers nous, de telle sorte que nous ne puissions agir, à raison du même fait, envers nul autre. Ainsi, il est une disposition de la loi qui statue que tout fait de l'homme qui cause un dommage à autrui oblige celui par la faute duquel ce dommage est arrivé à le réparer. (Code civil, art. 1382.) Voilà un exemple d'action personnelle ; car il est évident que l'obligation réside tout entière en la personne de celui qui a causé le dommage.

2.° L'action réelle est celle que nous dirigeons pour nous faire remettre en possession d'une chose qui nous appartient, de manière que notre droit puisse s'exercer envers tout détenteur de cette chose ; ainsi, votre propriété est assujétie vis-à-vis de la mienne à une servitude : si votre propriété vient à changer de maître, je puis agir contre le nouveau maître pour la conservation de mes droits, et ainsi de suite, car c'est la chose même qui est engagée, c'est l'immeuble qui doit la servitude, et c'est seulement comme représentant de l'immeuble qu'on s'adresse au détenteur.

En résumé, l'action personnelle s'exerce contre celui qui s'est obligé personnellement ; l'action réelle contre celui que la situation d'un immeuble oblige malgré lui.

3.° L'action *mixte* participe à la fois des deux autres ; c'est-à-dire, que nous agissons en revendication d'une chose qui nous appartient, et qu'en même temps nous demandons un paiement. Ainsi, je vous ai vendu une propriété sur laquelle j'ai pris hypothèque pour garantie du prix. Vous ne me payez pas, et j'ai droit de reprendre ma propriété ; mais vous avez commis sur cette propriété des dégradations, j'agis contre vous par action mixte, puisque, d'une part, la propriété est tenue, en quelques mains qu'elle passe, de l'hypothèque dont elle est frappée, et que, de l'autre, les dégradations qui sont votre fait vous obligent directement envers moi à m'indemniser.

Au surplus, il est assez difficile de tracer d'une manière absolue les caractères de cette espèce d'action, qui donne lieu, dans les tribunaux, à mille difficultés.

On distingue aussi les actions *possessoires, pétitoires*, et les actions en *complainte* et en *réintégrande*, qui rentrent toutes dans les divisions établies plus haut.

§ II. — *Des tribunaux où sont portées les actions.*

Il ne faut pas croire que cette division des actions soit purement scolastique et n'ait qu'un intérêt de science ; elle a au contraire un grand intérêt pratique, puisque c'est sur elles que sont fondées les règles de compétence. Ainsi :

1.° L'action *personnelle* se porte au juge du domicile du défendeur et à celui de la résidence, à défaut de domicile. (Code de procédure, art. 2, 50 et 59) ;

2.° L'action *réelle,* au juge de la situation de l'objet litigieux. (Code de procédure, art. 59) ;

3.° L'action *mixte,* indifféremment au juge du domicile du défendeur, ou à celui de la situation des biens. (Code de procédure, art. 2 et 59.)

§ III. — *Des personnes qui peuvent exercer une action.*

Il ne suffit pas d'avoir un droit pour exercer une action : le droit lui sert bien de base et d'origine, mais n'en légitime pas l'exercice. Or, l'exercice d'une action est fondé sur l'intérêt *né* et *actuel.* Ainsi, vous m'avez souscrit une obligation, voilà mon droit ; mais tant que le terme de cette obligation n'est pas échu, je n'ai pas d'intérêt actuel ; si, au contraire, vous ne me payez pas au jour stipulé, mon intérêt prend naissance à partir de ce jour ; de là, l'exercice de l'action.

Pour exercer une action, il faut avoir la capacité requise : ainsi, un mineur, les communes, les établissemens publics, ne peuvent exercer leurs actions qu'en remplissant certaines formalités que la loi a établies dans leur intérêt.

Les femmes mariées ne peuvent pas intenter une action sans l'autorisation de leurs maris ou de la justice. Ne peuvent pas non plus exercer personnellement une action, les condamnés à une peine afflictive et infamante, les contumaces, les morts civilement, les absens, les faillis.

Enregistrement. Le transport d'une action donne lieu, savoir :

1.° A un droit de 1 fr. pour 100 fr., s'il tend au recouvrement d'une créance ;

2.° De 2 fr. pour 100 fr., s'il tend à donner la possession de meubles ou ventes ;

3.° De 5 et demi pour cent, s'il tend au recouvrement d'un immeuble.

CODE DE COMMERCE.

*Liv. I.*er — *Tit. VI.* — *Sect.* 1, 2 *et* 3. — DES COMMISSIONNAIRES.
(91 – 108.)

La vie physique et le bien-être d'un peuple, comme l'existence des individus et des familles, ont pour condition première le travail imposé à l'homme par la Providence. C'est le travail qui produit ou approprie à notre usage tout ce qui nous est nécessaire ou utile. C'est par le travail que s'établit toute propriété, celle qui se consomme et qui s'use, comme celle qui se conserve pour la sécurité de notre avenir.

Or, tout travail se fait de l'une des trois manières suivantes : le travailleur cultive, il fabrique, ou il échange. L'échange, c'est le commerce ; il a pour matériaux toutes les productions, soit celles de la nature, qu'il s'agit seulement d'extraire et de recueillir, soit celles de la culture, appelée à préparer ou à féconder le champ où la nature opère, soit enfin celles de la fabrication, qui a manipulé les matières premières pour notre service.

Le commerce remonte aux premiers temps de la civilisation. Du moment que les hommes ont cherché de se procurer, chacun pour soi, divers objets à leur usage, il a dû s'établir entre eux des relations commerciales. En effet, ce n'est qu'en échangeant la partie de nos produits qui excède notre consommation contre le surplus des produits des autres, que la division du travail peut s'établir, et que les différens individus peuvent se livrer de préférence et exclusivement à des occupations diverses.

Non-seulement le commerce met les habitans d'une même localité, d'un village, par exemple, à même de combiner leurs efforts pour exécuter une entreprise d'intérêt commun ; mais encore il donne à ceux de différentes provinces et de différens royaumes, le moyen de s'appliquer d'une manière spéciale aux travaux pour l'exécution desquels le district ou la contrée qu'ils occupent leur donne quelque avantage particulier. Cette division territoriale du travail a contribué plus peut-être qu'aucune autre chose à augmenter la richesse et à accélérer la civilisation du genre humain. Sans elle, nous serions privés d'un nombre immense d'objets de première nécessité, de commodités et d'agrémens que nous avons aujourd'hui à notre disposition; et le prix du peu dont la jouis-sance nous serait restée aurait, dans la plupart des cas, considérablement augmenté. Mais, quelque grands que soient les avantages que nous pouvons retirer de l'aptitude spéciale des autres pour certains genres de production, et l'on ne saurait exagérer l'importance de ces avantages, c'est au commerce que nous en sommes entièrement redevables, et il en est la véritable source.

Le succès des transactions commerciales est le plus souvent attaché à la célérité avec laquelle elles s'opèrent. De là la nécessité d'employer des agens qu'on désigne sous le nom de *commissionnaires en marchandises*.

Ces agens se chargent des commissions qui leur sont transmises par des négocians. Ce sont des mandataires qui, moyennant un salaire déterminé, connu sous le nom de *droit de commission*, et qui, d'après les conventions ou l'usage, est réglé à *tant pour cent*, font leur occupation principale d'établir des relations avec des fabricans ou des commerçans en gros, afin de procurer les marchandises qui leur sont demandées, au meilleur prix possible. Souvent même, le prix du mandat n'est pas payé directement par le mandant, mais par le vendeur, qui fait une réduction sur le prix en faveur du commissionnaire qui lui procure l'écoulement de ses marchandises.

Comme c'est là une branche de commerce assez lucrative, qui ne demande aucune mise de fonds, il y a dans toutes les parties un grand nombre de commissionnaires. Les obligations générales qu'ils ont à remplir sont celles que la loi impose à tout mandataire.

Le terme *commissionnaire en marchandises* ne s'applique guères aujourd'hui qu'à celui qui s'occupe des matières premières, et plutôt encore exotiques qu'indigènes.

Le commissionnaire en marchandises ne doit pas travailler pour son compte, parce que, le faisant, il court des risques que tout mandataire ou dépositaire doit éviter. Il faut surtout qu'il se garde de spéculer personnellement sur des marchandises de la même espèce que celles qui sont confiées à ses soins; car, quelque honnête qu'il soit, tiendra-t-il toujours une juste balance entre ses intérêts et ceux d'autrui?

Il doit connaître parfaitement toutes les marchandises, pour ne les vendre ou acheter qu'à leur véritable valeur; les lieux qui les produisent, l'état actuel de la production, la situation des approvisionnemens et des marchés, pour comparer les produits aux besoins, les offres aux demandes ; et enfin toutes les causes de leur détérioration, pour employer les moyens admis de les en préserver, soit pendant qu'elles sont dans les magasins, soit pendant qu'elles sont en vente et expédiées (cela est d'autant plus important, que, généralement, il est garant de la détérioration) ; en un mot, il doit posséder toutes les connaissances indispensables à chacun des négocians qu'il remplace comme mandataire.

Ce n'est plus que dans les ports et quelques grandes places de commerce qu'on trouve de ces commissionnaires en marchandises.

Partout ailleurs, et même à côté d'eux, on voit des commissions pour telle ou telle marchandise, mais non un commissionnaire en marchandises.

Cet état bien exercé rend de vrais services à la société, car il facilite les transactions, les fait plus sûres et plus profitables à tous.

Ordinairement le commissionnaire en marchandises, qui reçoit des marchandises à la vente, donne une partie de la valeur. En faisant ces avances, il devient *consignataire*, et alors il est privilégié sur le montant de la marchandise jusqu'à concurrence des sommes avancées, des intérêts, des frais, et de la commission stipulée.

Dans ce cas, l'époque du remboursement doit toujours être fixée ; et si, ce moment arrivé, la marchandise n'est pas vendue, il doit demander le remboursement de ses avances, et, à défaut, il a le droit de se pouvoir auprès des tribunaux pour être autorisé à vendre la marchandise au cours, quelle que soit la limite qui lui avait été fixée, ou la défense qui lui est faite ; et encore cette autorisation n'est-elle pas toujours nécessaire : l'usage et les conventions des parties établissent souvent ce droit, sans qu'il soit besoin de recourir à la justice.

Si l'époque du remboursement n'a pas été fixée, le commissionnaire demande au tribunal l'autorisation de vendre ; et s'il ne le fait pas, il compromet ses intérêts.

Le taux des commissions varie suivant les opérations, et ensuite les conditions des parties ; il est impossible de rien fixer à cet égard.

Il y a une classe de négocians qui, par la nature de leur commerce, ne font la commission ni pour acheter ni pour vendre, mais dont le mandat particulier est de transporter les marchandises d'un lieu dans un autre : ce sont les *commissionnaires par voitures*, que le transport se fasse soit par terre soit par eau. Le terme de commissionnaire se rapproche ici de son acception propre, celui qui fait des *commissions* pour autrui, et qui se met momentanément à son service, moyennant un salaire déterminé. Aussi le mandat dont les commissionnaires par voitures sont chargés est-il plus rigoureux que tout autre, et du moment qu'ils ont reçu la marchandises, qu'elle est inscrite sur leur lettre de voiture, ils deviennent responsables de toute faute, même des plus légères, jusqu'à ce qu'ils l'aient remise à sa destination.

Ainsi, ils sont garans non seulement de leurs propres faits, mais de ceux de tous les voituriers qu'ils emploient. Quant à la perte arrivée par force majeure ou par un vice propre à la chose, elle reste naturellement à la charge du propriétaire ; c'est pourquoi il est de la plus grande importance de spécifier dans le contrat si le voyage se fait aux risques de *l'expéditeur* ou du *demandeur*. En l'absence de toute disposition contraire, c'est sur l'expéditeur que retombera la perte, car la livraison n'est réputée faite qu'au moment où l'envoi est remis par le voiturier au demandeur, et accepté par lui.

Tout commissionnaire qui aura fait des avances, comme nous l'avons dit plus haut, sur des marchandises à lui expédiées d'une autre place pour être vendues pour le compte d'un commettant, a un privilége pour le remboursement de ses avances, intérêts et frais, sur la valeur des marchandises, si elles sont à sa disposition, dans ses magasins ou dans un dépôt public, ou si, avant qu'elles soient arrivées, il peut constater, par un connaissement ou par une lettre de voiture, l'expédition qui lui en a été faite. (Code de commerce, art. 93.)

Si les marchandises ont été vendues et livrées pour le compte du commettant, le commissionnaire se rembourse, sur le produit de la vente, du montant de ses avances, intérêts et frais, par préférence aux créanciers du commettant. (Code de commerce, art. 94.)

Les commissionnaires consignataires ont un privilége sur les marchandises consignées dans leurs magasins, pour toutes les avances qu'ils ont indistinctement faites sur la foi de la consignation. (Arrêt de Cassation, du 22 Juillet 1817 ; Sirey, tom. 18, 1.re partie, page 46.)

Tous prêts, avances ou paiemens qui pourraient être faits sur des marchandises déposées ou consignées par un individu résidant dans le lieu du domicile du commissionnaire, ne donnent privilége au commionnaire ou dépositaire, qu'autant qu'il s'est conformé aux dispositions prescrites par le Code civil, livre III, titre XVII, pour les prêts sur gage ou nantissement. (Code du commerce, art. 95.)

Le commissionnaire répond des fautes qu'il commet comme mandataire, et comme son mandat est salarié, sa responsabilité est appliquée rigoureusement. (Code civil, art. 1992.)

Il y a trois genres de commission :

- La commission d'achat et vente, la commission d'entrepôt, et la commission pour les transports par terre et par eau.

Dans la commission d'achats et ventes, le commissionnaire doit surtout éviter la fraude à l'égard de ses correspondans. Il est obligé de se conformer aux prix qui lui sont fixés, et, dans le cas contraire, il est débiteur de la différence.

Le commissionnaire qui se charge d'un transport par terre ou par eau, est tenu d'inscrire, sur son livre-journal, la déclaration de la nature et de la quantité des marchandises, et, s'il en est requis, de leur valeur. (Code de commerce, art. 96).

Il est garant :

1.° De l'arrivée des marchandises et effets dans le délai déterminé par sa lettre de voiture, hors les cas de la force majeure légalement constatés. (Code de commerce, art. 97).

2.° Des avaries ou pertes de marchandises et effets, s'il n'y a stipulation contraire dans sa lettre de voiture, ou force majeure. (*Ibid.*, art. 98).

Le commissionnaire de roulage est tenu, à peine de responsabilité, de vérifier si les effets dont il entreprend le transport sont de la quantité et de la qualité énoncées dans la lettre de voiture. Il ne lui suffirait pas de prouver qu'il a fidèlement transporté et remis ce qu'il avait reçu : la lettre de voiture le constitue dans l'obligation de remettre tout ce qui y est énoncé, sans qu'il lui soit permis d'exciper d'erreur commise dans les magasins du lieu de départ. (Arrêt de Cassation, du 20 Mai 1818; Sirey, tome 18, première partie, page 366). Il est garant des faits du commissionnaire intermédiaire auquel il adresse les marchandises. (Code de commerce, art. 99).

La marchandise sortie du magasin des vendeurs , ou de l'expéditeur ,
voyage , s'il n'y a convention contraire , aux risques et périls de celui
à qui elle appartient , sauf son recours contre le commissionnaire et le
voiturier chargés du transport. (Code de commerce , art. 100).

De ce qu'aux termes de cet article , la marchandise expédiée par le
vendeur voyage aux risques et périls de l'acheteur, on ne peut conclure
que la livraison soit censée faite au domicile du vendeur , et dès le
moment du départ. En conséquence , l'acheteur ne peut être assigné en
paiement du prix devant le tribunal du domicile du vendeur , sous
prétexte que la livraison a eu lieu à ce domicile , et que , par suite , le
paiement , qui est attributif de compétence , a dû y être effectué. (Arrêt
de Cassation du 14 Novembre 1821 ; Sirey , tome 22, 1.ʳᵉ partie , p. 152).

——◆◇◆——

Cet acte public sera soutenu le 3o Août 1838 , à dix heures du matin.

Vu par le Président de la thèse :

MALPEL.